LES
DERNIÈRES OPINIONS

DE

M. GUIZOT.

PAR LOUIS L'HERMINIER.

PARIS,

IMPRIMERIE DE POUSSIELGUE,

RUE DU CROISSANT, 12.

LES

DERNIÈRES OPINIONS

DE

M. GUIZOT.

Il y a quelques mois à peine, M. Guizot était précipité du pouvoir par une révolution, et déjà l'on s'entretient de son rappel, du moins comme membre de l'Assemblée nationale. Le conseiller du roi Louis-Philippe reparaissant parmi les représentans du peuple! voilà un de ces événemens incroyables, et dès lors possibles, comme il en devra survenir beaucoup, dans ce temps où c'est surtout l'imprévu qui arrive et finit par tout dominer.

Je ne concevrais, du reste, rien de plus mérité, pour les hommes du 24 février, que ce retour de M. Guizot. — Supposons-le à son banc, et daignant garder le silence ; quel dédain ! Voyez-le ému et se levant irrésistiblement au milieu d'une de ces discussions de l'Assemblée, où toutes les vérités à la fois, le monde politique et moral se trouvent remis en question par les derniers sophistes, spectacle indigne du rang de la France dans l'univers, que d'éloquence, que de raison, que d'élévation ! Qui pourrait lutter contre cette voix plus intéressante que jamais ? Le malheur même, cette force singulière, j'allais dire cette grâce que nos ennemis ne songent pas à nous prêter, le malheur, comme les talens de cet ancien ministre, tout concourrait aujourd'hui à le placer plus haut que lorsqu'il était au pouvoir et semblait si puissant.

Faut-il néanmoins l'avouer? j'incline à croire cette exhibition ministérielle plus inutile encore que dangereuse. Je ne crains pas la violence des adversaires de M. Guizot dans l'Assemblée : personne ne les craint moins que lui-même ; mais M. Guizot, politiquement, n'a plus rien à faire ; il a tout dit ; il doit rester enfin, pour employer le mot le plus froid de la diplomatie, dans les *faits accomplis.*—Et d'ailleurs, comment douter de ce que serait encore M. Guizot, lorsque l'on parcourt les dernières Notes écrites par lui et laissées aux affaires étrangères, à la veille du 24 février?

Là se découvre tout entier cet homme d'Etat; on saisit non seulement sa politique, mais son caractère. Qui a vu M. Guizot à la tribune n'a connu que l'orateur ! Le voici retiré dans son cabinet, calme, et examinant quel sera le sort de la France après tant de luttes. Que pense alors M. Guizot? Ses notes nous le disent : il voit arriver la révolution, et c'est la révolution qui le rassure. Il persiste à croire que le gouvernement seul est dans le vrai, et il espère, il déclare que c'est en résistant que le pouvoir sera sauvé ; c'est en persévérant qu'on surmontera tous les périls de la situation, que l'opinion publique qui s'égare, et non le ministère, sera forcée de reculer. Quel aveuglement ! Mais écoutez-le : « J'ai confiance, dit M. Guizot, à ce moment terrible de février, j'ai confiance dans notre cause, notre pays, nos institutions; confiance à ce point, que je la conserverais dans les mauvais jours. » Il se fie à quoi? au retour de ce qu'il appelle une réaction morale en France, et il l'attend. Puis, s'élevant tout à coup à un langage si magnifique, qu'il semble le voir avec sa pâleur dominer du geste l'Assemblée : j'ai vu, dit-il solennellement, la vérité voilée, éclipsée. Elle continuait son cours derrière les nuages ; à un jour marqué, elle se retrouvait plus haute et plus brillante. Cela lui arriverait encore aujourd'hui. »

Voilà M. Guizot !

Qu'espérer? — Comment ne pas être frappé de ce ton fier et persuasif, de ce mélange d'enthousiasme et de sincérité? Comment ne pas se sentir troublé, et aussi comment ne pas sourire lorsqu'on lit au dessus de ces Notes, interrompues par une révolution, ces mots écrits de la main même du ministre *Projets de discours pour la session de 1848* !

La vérité est que M. Guizot avec son immense talent, a été dupe des fictions constitutionnelles Il y avait été élevé, il y avait grandi; il devait y disparaître. M. Guizot, bien plus grand orateur, du reste, que grand ministre, n'a pas compris le gouvernement qui convient à notre temps. La France était plus que libérale, elle était démocratique sans être révolutionnaire. M. Guizot s'y est trompé ; il a voulu résister à la démocratie. Il l'a confondue, comme beaucoup d'autres, avec le désordre même ; et, en croyant lutter contre l'esprit de faction, il a lutté contre l'esprit de réforme et de vraie liberté. C'est-là le défaut qui se retrouverait dans sa politique. A l'Assemblée nationale, M. Guizot serait encore dans ses discours, sinon dans ses actes, *contre-révolutionnaire*, et il aurait raison ! Mais il resterait *anti-démocrate*, et c'est ce qui ne convient plus. — Insister, ici serait inutile ; je m'expliquerai plus loin sur ce que doit être la vraie politique de la France démocratique.

En disant que M. Guizot a été dupe des fictions constitutionnelles, je crois moins me tromper qu'en injuriant cet homme d'Etat, en recourant à d'absurdes récriminations, à toutes ces calomnies qu'on n'a plus le droit de se renvoyer, dans l'état déplorable où se trouvent tous les partis indistinctement depuis le 24 février. M. Guizot, en effet, ne passera jamais pour avoir été hostile aux institutions libérales ; il n'a pas visé en 1848 au renversement ou à une modification de la Charte, comme on l'a reproché en 1830 à M. de Polignac ! Non : ils ont été tous deux très sincères dans la fausse appréciation qu'ils s'étaient faite de l'état du pays, des nécessités des temps et des devoirs de leurs gouvernemens. Que voulaient-ils ? Une France autre que la France de la révolution, qui, en effet, est impossible ; mais quelle différence entre la politique des derniers présidens du conseil de Charles X et de Louis-Philippe !

M. Guizot, aujourd'hui même, ne pourrait éprouver contre la révolution de février la même antipathie qui avait poussé M. de Polignac au coup d'Etat de 1830. M. Guizot s'arrangerait ou affecterait de s'arranger de la liberté la plus large ; il ne tenterait même pas de repousser ce fait irrémédiable : l'avénement de toute la classe populaire ! Au fond, il y verrait un danger et un excès. Et, qui en doute ? Bientôt il se placerait à la tête de l'opposition systématique. Mais en lui ce ne serait point par un sentiment d'aristocratie froissée, ce serait par un retour involontaire vers certains moyens d'équilibre, par goût pour d'anciennes traditions gouvernementales, auxquelles il essaierait toujours de ramener le pays. Il a vu et il verrait encore le salut de la France dans les classifications politiques ; il serait pour la liberté, il voudrait surtout de l'ordre avec tous ses correctifs doctrinaires. M. Guizot, peut-être, se croirait assez fort pour réduire la révolution de 1848 à n'être qu'un 1830 bien fait.

C'est dans ce sens que si cet homme d'Etat arrivait à l'Assemblée, il commencerait par résister, et il finirait par rétrograder. M. Guizot serait, avec plus de partialité, le Royer-Collard de la République, et, comme lui, il se répéterait inutilement. Dans ses notes, on trouve de bons avertissemens ; il les ferait entendre trop de fois, et cependant que dire de mieux, de plus vrai, aux chefs de partis actuels : « L'esprit révolutionnaire seul est incapable, dit-il, de nous régénérer ; c'est la perte de l'Etat. — La révolution ! s'écrie M. Guizot, elle a été, et elle serait encore fatale ; fatale à la liberté autant qu'à l'ordre. Qu'a-t-elle produit ? quoi de grand ? le despotisme de l'Empire. » Paroles trop certaines ! De son côté, qu'a produit le principe de l'ordre à tout prix et de l'immobilité politique ? Qui ignore que c'est le gouvernement de *l'ordre seul* qui a précipité la France dans les hasards, et comme le dirait M. Guizot, dans le *néant* d'une révolution à laquelle la France cherche aujourd'hui encore à échapper!

La conviction la plus funeste qu'on doive signaler dans M. Guizot, au moment même où il confondait ces jeux sortes d'idées ou de tendances si différentes qui, au 24 février, ont éclaté ensemble : l'esprit démocratique de la France, et l'esprit révolutionnaire, cette conviction la voici : c'est que le gouvernement, tel que l'avait entendu Louis-Philippe, la politique restreinte, ne dépassant pas le pays légal, était tout ce que comportait l'état de la France. M. Guizot regardait ainsi, malgré son célèbre discours de Lizieux, tout changement intérieur comme pernicieux. La réforme demandée par l'opposition, et même par les progressistes du centre, lui semblait incomplète et inopportune. Quant aux menaces des partis extrêmes, il les dédaignait, et il les défiait d'en venir, comme on le disait, à une révolution ! — M. Guizot, à l'ouverture des débats de 1848, supposait donc, non seulement son ministère à peu près inébranlable, mais il pensait que le pouvoir royal était tout-à-fait rétabli en France. le gouvernement constitutionnel fondé, assuré pour toujours, la charte, enfin, acceptée par le pays, et pouvant suffire longtemps encore à tout, dans le présent et dans l'avenir.

Ainsi, le gouvernement de la charte, l'influence des classes moyennes, c'était là, selon lui, tout ce à quoi la France avait droit de prétendre. Après deux révolutions, après 1789 et 1830, après vingt ans de guerres soutenues contre la vieille politique de l'Europe, par le génie de Napoléon, et à la suite d'une des plus longues paix de l'histoire, la France avait à donner aux peuples libres quel exemple ? celui d'un pays arrivé au plus haut terme, disait-on, de la civilisation, et où deux cent mille électeurs jouissaient seuls des droits politiques ! Où étaient la justice et les conditions de durée d'un pareil ordre de choses ? Qui a plus contribué à établir, à défendre cet absurde régime que M. Guizot ? Voilà son côté regrettable, et, on ose à peine le dire, médiocre. Voici son côté admirable :

Je ne rappelerai pas la modération de M. Guizot dans l'ancienne chambre, ses habitudes de dignité, cette grande manière à lui de poser les questions, et de tout anoblir dans le débat, jusqu'à la défaite de ses adversaires. Là serait encore sa gloire ! M. Guizot seul, en effet, descendant de la tribune, à peine rentré dans son cabinet, et dans la prévision de la lutte du lendemain, pouvait écrire des mots pareils à ceux-ci qui sont le début de ses notes. » Résolution : répondre comme si on me parlait convenablement. Condamné à entendre, non à imiter ce langage. Soin de la dignité de la chambre ; n'y porter aucune atteinte. » Qu'était-ce donc que M. Guizot ? C'était dans la donnée de la Charte, le ministre légal, parlementaire par excellence. Quels qu'aient été les torts, les vices de son système, il a témoigné, pour les institutions établies, un respect qui peut-être ne se retrouvera plus. Si dans les derniers temps, il est resté comme homme d'Etat au-dessous de lui-même, s'il a manqué aux plus simples promesses de la politique conservatrice, s'il a trop longtemps résisté aux vœux de la France, c'est qu'il les trouvait mêlés à beaucoup d'idées fausses, de préjugés répandus par les vieux partis. L'opposition, en masse, lui semblait arriérée ; il la croyait moins apte que le gouvernement à opérer le bien, et, à ce point de vue, M. Guizot, peut-être, était dans le vrai.

Je réclame dès qu'il s'agit d'un ministre déchu, d'un homme d'Etat tel que M. Guizot, je réclame ici la plus complète liberté de discussion. Je suis d'ailleurs de ceux qui, d'abord dévoués, ont le plus sceptiquement vu finir le régime constitutionnel de 1830. En veut-on savoir la cause ? C'est que nous avions tous, à peu près, peu de confiance dans le caractère affaibli du pouvoir et dans l'esprit étroit et intéressé de l'opposition. M. Guizot plus qu'aucun homme de son temps pouvait s'élever au-dessus de ce qui, au commencement de 1848, existait de médiocre et de ce qui se préparait d'anarchique ;

il pouvait du moins, nous l'avions espéré, il pouvait mieux encore qu'il ne l'a été permis sous l'Empire, aider à l'établissement d'un grand gouvernement populaire en France.

Il avait à détruire les préjugés révolutionnaires dans le pays; à le restaurer à jamais, M. Guizot y a pensé; il ne l'a pas tenté longtemps, avec assez de largeur. On peut, il est vrai, le louer sur bien des points, l'admirer en comparaison des gens qui lui ont succédé au pouvoir; mais c'est à M. Guizot que la France doit d'être livrée à tous ces hasards infimes de la politique. En ne sachant pas où en était le pays au 24 février; en refusant de faire prendre au gouvernement du roi l'initiative des réformes sur l'opposition, et en reculant, lorsqu'il fallait prouver que l'autorité royale était assez forte pour aller bien au-delà de ces réformes; en repoussant, au contraire, tous les changemens possibles dans l'Etat, il a étonné, découragé, mécontenté les hommes les plus résolus à faire quelque chose de la monarchie de 1830, et aux derniers momens d'un trop long règne et d'un ministère avili, il a rendu presque légitime l'appel aux factions. M. Guizot enfin, après avoir excité tant d'espoir, a compromis, avec la cause des grands principes d'ordre et d'autorité, la cause de la société tout entière. Voilà ce que les hommes de gouvernement ne lui pardonneront jamais.....

Je vais citer au long quelques-unes des dernières notes de M. Guizot. Rien ne l'absoudra des écarts évidens de sa politique; rien, lors même qu'il semble le plus convaincu, qu'il s'élève le plus haut et qu'il parle avec le plus d'éloquence des premières tentatives faites par quelques esprits éminens pour rétablir avec lui la situation morale de la France. Ce que dit M. Guizot du parti conservateur, divisé plus tard, séparé de ses doctrines depuis 1836, ce qu'il reproche aussi à l'opposition, bien que parfois outré, tout cela ne saurait être contesté au fond. Je cite textuellement : « Le parti conservateur, dit-il, s'est formé, comment? parce que chez lui seul se trouvaient les bons, les grands instincts politiques du pays; c'est l'intelligence de ce qui s'est passé depuis dix-huit ans; c'est la raison et c'est la lutte qui ont formé notre parti; c'est l'expérience! »

Et M. Guizot ajoute : «Les grands intérêts sociaux, l'ordre, la paix, les lois, la liberté ont été compromis par ce que demandait et voulait faire l'opposition.

» Que remarque-t-on aujourd'hui, demande-t-il ? un mouvement constant et naturel de tous les esprits politiques à se retirer de la gauche et à se réunir au centre de la chambre? Tel est l'empire des idées vraies !

On va à l'opposition par dépit et par faiblesse ;
mais on espère qu'elle ne triomphera pas. »

M. Guizot, on le voit, éprouvait un sentiment d'orgueil excessif à s'élever au-dessus de l'opposition parlementaire et à la juger ; il comptait, comme autrefois,
avec la même assurance, les forces énormes que la majorité avait réunies dans le pays, et il croyait le gouvernement du roi soutenu comme dans ce temps ; il croyait
avoir vaincu la révolution, parce que l'opposition é-
tait faible.—Cette illusion a duré jusqu'à la fin de la vie
ministérielle de M. Guizot. Dans ses Notes, il triomphe,
mais en voyant tout à coup l'agitation répandue dans
toute la France par la gauche et le centre gauche, il in-
terroge leurs chefs et leur lance cette apostrophe.

Je cite encore textuellement ce passage des notes, où
percent pour la première fois, en même temps que le
dédain ordinaire de M. Guizot, sa surprise de voir l'opposition si forte, et son inquiétude. — « L'opposition !
dit-il, mais elle n'a aucun principe fixe ; elle n'est en
état de rien faire, de rien diriger, de rien arrêter : elle
ne saurait ni réprimer ce qui est avec elle, ni derrière
elle, pas plus le désordre moral que le désordre maté-
riel.

« On parle, dit-il, en voyant s'ouvrir ces perspec-
tives nouvelles de changement, et de désordres
pour 1848, on parle dans l'opposition des intérêts
moraux, des classes ouvrières. On demande tout ce
qui peut développer la moralité du peuple. On accuse
le gouvernement de ne pas s'en inquiéter !

» Que fait le gouvernement pour les classes ouvrières? Trois choses :

» 1° L'ordre et la liberté pour le travail ;

» 2° Favoriser l'économie ;

» 3° Propager l'instruction primaire ;

» Que fait l'opposition?

» Elle s'appesentit sur la misère de ces classes, sur
l'inégale répartition des biens sociaux, sur l'injuste con-
dition de la plupart des hommes, etc.

« Est-ce que par hasard, on croit là s'adresser aux
intérêts moraux? On s'adresse aux intérêts les plus
grossiers, aux passions matérielles les plus violentes.

» Ne parlez pas de tentation, de corruption sur ces
classes. — Vous êtes les plus assidus tentateurs, les
plus acharnés corrupteurs.—Vous portez incessamment
le désordre dans leurs idées, et le feu dans leurs passions. — On déplore leur misère matérielle ! Je déplore
au moins autant leur misère morale et les périls aux-
quels elles sont en proie par vous, par votre fait, et
par le fait de ce qui est à votre suite. »

C'était là un langage inaccoutumé dans la bouche de M. Guizot, ou plutôt, on le voit à cette violence même, ce n'était plus l'expression de la pensée de cet homme d'Etat, de cette pensée fière, inaccessible, sereine au milieu des orages, et qui semble ici à moitié brisée et vaincue d'avance. On était, il est vrai, au 23 février; et quand à ce moment critique, suprême, M. Guizot a paru près de se raviser, de changer quelque chose à sa politique, il pouvait se répéter le mot de Lafayette: *Il est trop tard!* Au reste, rien n'indique bien clairement quelle espèce de transaction réformiste allait offrir M. Guizot! Il est même possible qu'en se plaignant ainsi des dangers où l'opposition venait de placer le pays, il n'ait poussé que le cri de l'orgueil blessé, de tout ministre renversé qui s'en prend de sa chute, non à son imprévoyance et à ses actes, mais comme on dit, dans ce cas, au *destin!*

Quoiqu'il en soit, les fictions constitutionnelles devaient s'évanouir, et le prestige de toute la politique du règne était détruit. M. Guizot pouvait s'apercevoir que le gouvernement n'était plus dans l'équilibre des trois pouvoirs, dans les chambres, dans la charte, ou dans le scrutin parlementaire; que le gouvernement vrai résidait dans l'opinion publique d'où tout relève, dans le pays qui ne demandait qu'à être plus largement représenté et mieux dirigé. La grande, l'immense erreur de M. Guizot, il devait le reconnaître alors ou jamais, c'était d'avoir vu des classes distinctes, des priviléges, un monopole de vote et de fortune en pleine démocratie; c'était d'avoir voulu faire vivre tout entier dans des institutions mensongères, et, il faut le dire, dans les faussetés de la charte, un pays entier qui en était en dehors. M. Guizot avait supposé ainsi une fausse nation, une fausse opinion publique, et il n'avait bien connu ni les qualités ni les défauts du siècle.

Je ne connais pas d'époque, je le déclare d'avance, où la politique, ou, comme l'on dit, notre état social, puissent être plus diversement jugés ni combattus. Ce qui est certain, c'est qu'aucun régime n'a eu plus de loisirs que celui de 1830, et même n'a réuni plus de facilités et d'hommes de talent pour établir, si Louis-Philippe l'eût voulu, un vrai, un grand gouvernement. L'occasion a été marquée pendant 18 ans, de 1830 à 1848! On trouve bien dans les dernières notes écrites par M. Guizot, l'indice parfois d'une disposition à examiner de nouveau l'état du pays et à sortir du *statu quo* politique, à étendre l'action du pouvoir; mais, à part des vues d'amour-propre personnel, M. Guizot se trouvait arrêté, retenu par sa théorie des classes moyennes: il

devait périr comme il avait vécu, par la légalité établie.
M. Guizot était tiraillé, combattu par une coalition
d'intérêts, d'ambition, de susceptibilités parlementai-
res, tout aussi puissantes aux extrémités de la chambre, dans l'opposition, que dans le centre même du
parti conservateur.

M. Duchâtel, collègue de M. Guizot, le ministre après
lui le plus influent dans le conseil, M. Duchâtel, simple
ministre de l'intérieur, achevait de troubler la haute intelligence de M. Guizot, et se laissait prôner et porter
comme le chef réel du parti conservateur dans la chambre.

Il y avait entre eux, à part l'immense différence de
talent, cette opposition naturelle, que tout ce qui en
M. Guizot provenait d'un excès d'orgueil, ou de la foi dans
ses opinions, son dédain, par exemple de toute politique qui n'était pas la sienne, tout cela se trouvait exis-
ter dans M. Duchâtel, mais à l'état de dégoût pour toute
espèce de politique. Et, en effet, personne, avec plus
de droiture n'a affecté autant de scepticisme et, pour
bien dire, plus de cynisme d'opinion. L'un était confiant,
droit, absolu, convaincu, c'était M. Guizot. L'autre, le
ministre de l'intérieur, se montrait inquiet, égoïste,
méprisant, incertain en toutes choses et soupçouneux
à l'excès, toujours prêt à dissimuler! et, contrairement
à M. Guizot, il déguisait l'exercice du pouvoir par une
apparente humilité, par une aveugle obéissance à tous
vœux de la plus médiocre majorité qui ait voté dans un
parlement. M. Duchâtel, ainsi, bien plus que M. Guizot,
était disposé à attermoyer, à se rapetisser, à gouverner
comme en temps ordinaire, et au moment de la révolution du 24 février il était devenu le ministre prépon-
dérant dans le conseil.

Il faut bien prendre garde à cette situation singulière, à l'infériorité où se trouvait réduit M. Guizot, chef
apparent du dernier ministère du roi Louis-Philippe,
lorsqu'on examine ses actes et qu'on veut juger sa con-
duite. — A tout prendre, M. Guizot, avec des vues très
différentes, moins vulgaires que celles du ministre de
l'intérieur dans le cabinet du 29 octobre, M. Guizot
portait dans l'esprit ce vice irrémédiable qui a déjà
été signalé en lui. C'était son constitutionnalisme, son
conservatorisme effrénés. Ici, il ne faut plus s'occuper
de son compétiteur à la présidence du conseil, de M. Duchâtel, plus homme d'affaires que ministre, médiocrité
rassurante, et, qui à ce titre menaçait d'aller loin sous
un règne prudent et en décadence! M. Guizot, dis-je,
homme essentiellement de tribune, penseur souvent
profond, esprit juste et moral, bien que gâté par son

entourage intime, entourage le plus avilissant qu'on ait vu autour d'un homme d'Etat, M. Guizot n'avait pas compris que, dans la France, sans aristocratie, avec une bourgeoisie restreinte et sans instinct gouvernemental, avec un peuple et une opinion publique troublés, égarés par les passions et par les utopies révolutionnaires, le remède à apporter n'était pas dans le maintien strict des institutions constitutionnelles de 1830 , mais dans l'élargissement complet du cercle électoral.

Il avait à organiser la démocratie française, si quelque chose pouvait encore s'organiser, si la liberté qu'il aimait avait chance de régénérer le pays. Il ne l'organisa point; il lutta contre son avènement, il tenta de la refouler, et dans quel intérêt? Dans celui, disait-il, de la stabilité générale; comme si la démocratie seule depuis longtemps n'avait pas donné assez de gages de son excellent esprit! M. Guizot laissa périr le gouvernement de 1830, au moment même où cette démocratie pouvait et allait sauver la France.

J'insiste beaucoup sur ce point. — Quel est aujourd'hui encore l'état de la question démocratique, et comme on le dit, sociale? Le parti démocratique se confond-il nécessairement avec le parti révolutionnaire? Non! A-t-il le même but, les mêmes idées, ou plutôt les mêmes passions? On ne saurait, en ce moment, rien soutenir de plus faux. Il y a là deux états différens de l'opinion; il y a, d'un côté, l'amour extrême de la liberté, mais aussi de l'ordre public et de l'égalité; de l'autre, il se montre tout ce que les sociétés humaines renferment de subversif, l'impatience de tout frein, le dégoût d'une autorité quelconque, civile, politique ou religieuse; en même temps une disposition misérable à s'abaisser sous les plus vulgaires dictatures. Ce sont là les deux caractères de notre temps : un besoin, un respect de tous les droits, dans les âmes dignes; l'oubli de ces droits, la tendance à en faire le sacrifice journalier et en toute occasion, dans les âmes perverties et peu faites pour la liberté. Eh! qui a mieux fixé cette opposition étonnante, ce contraste dans un Etat démocratique, que M. Guizot lui-même!

Voici la règle qu'il établit et qui séparera toujours les deux écoles démocratique et révolutionnaire. Ces paroles de M. Guizot s'appliquaient, dans sa pensée, aux écarts d'une grande partie de l'ancienne opposition; elles fixent tous les devoirs.

« Point d'appel à la force brutale; pas d'illégatés ! Epuiser tous les moyens d'opposition, modérément, sous notre responsabilité.

" Respectons, avant tout, nos institutions.

» Notre devoir, dans un pays libre, c'est : 1° d'hono-
rer et de savoir supporter la liberté d'autrui ; 2° de savoir nous servir de notre propre liberté.

» Le trait distinctif de l'opposition (cela est encore
plus vrai du parti révolutionnaire !) c'est, dit aussi M.
Guizot, d'opprimer la liberté de ses adversaires jusqu'au
despotisme, et de pousser la sienne jusqu'à l'anarchie.»

M. Guizot était fort près, on le voit, de comprendre
et d'établir lui-même les maximes qui doivent préva-
loir dans un pays tel qu'est le nôtre aujourd'hui. Seulement, la libre et souvent confuse manifestation de l'o-
pinion publique ne lui semblait pas fournir de garan-
ties suffisantes d'unité, de force, ni de sécurité aux gou-
vernans. Jamais ni lui, ni bien d'autres, n'eussent osé
se fier à cette chose immense et presque divine, sur ce
suffrage universel, monstruosité admirable qui nous a
tous sauvés depuis le 24 février. Là résident toute notre
force, toute notre raison. Là se trouvent l'ordre et la
liberté ! On craignait, comme M. Guizot, de voir sortir
une révolution du suffrage universel. Et qui plus que
le suffrage universel a prouvé que la France n'était pas
révolutionnaire ?

Je disais que M. Guizot avait reculé devant ce fait
que la France est démocratique. Ce n'est pas qu'on doive
entendre par là rien de bien excessif ; qu'est-ce que cette
démocratie ? Elle consiste en réalité, pour le pays, à se
gouverner librement, par lui-même, sans le contrôle
d'aucune classe distincte, ni prédominante ; — à choisir
en elle-même ses chefs et tous ses points d'appui. La
démocratie est le véritable équilibre d'une nation, non
pas l'équilibre artificiel des Etats constitutionnels ;
c'est l'équilibre grandiose que Dieu a posé sur le monde
et qui ne permet pas que rien échappe ou se renverse
dans les plus grands mouvemens d'oscillation. La démocratie est donc l'ordre même, et c'est en vue de l'ordre
qu'il s'agit à présent de gouverner.

Je n'examinerai pas quels sont les partis les plus ca-
pables de fonder en France le règne de l'ordre, de la
liberté, de la *conservation*, qu'on devra prêcher bien des
fois sous la République actuelle. Je sais qu'il est des
sectes subversives, violentes, tyranniques, sans respect
pour la vie et la dignité humaine. C'est là notre écueil ; il est
dans l'esprit révolutionnaire. A ceux qui voudraient réduire la société à l'état de guerre, d'extermination, de
sauve qui peut général, à ces derniers débris de l'ancienne
révolution, je ne citerai pas ou Washington ou Napoléon en regard de Robespierre, je dirai qu'ils ont déjà
compromis la démocratie et qu'ils peuvent la perdre
aujourd'hui.

Les événemens se chargeront bientôt de poser les questions, de mettre en lumière et de classer dans la République nouvelle de 1848 les vrais politiques et les *idéologues*. Quoiqu'il en soit, on peut dire comme M. Guizot : « Nos institutions sont très périlleuses et orageuses; elles condamnent la vérité à des luttes et à des éclipses continuelles; mais, en définitive, elles la feront triompher. » Oui, la vérité, c'est-à-dire la liberté humaine, triomphera ; l'ordre recommencera à régner ; mais, cet ordre, ce ne sont pas toujours les factieux vulgaires qui le troublent et l'exposent à périr ! Ce sont les plus grands esprits, quand ils réagissent dans un sens ou dans l'autre contre les idées de leur temps, et quand ils amènent un pays tel que la France, après un règne d'une prudence, disait-on, consommée, au néant où l'on s'est trouvé au 24 février. C'est là le mal que M. Guizot pouvait éviter, et qui fera pardessus tout douter de son génie politique ! M. Guizot n'en reste pas moins l'un des plus utiles exemples que devront étudier les hommes d'Etat, dans ce temps où la raison a tant besoin de s'élever de nouveau et de briller. Ce qu'il faudrait même souhaiter à la République, ce qui lui manque, c'est une aussi grande intelligence : ce serait un Guizot de la liberté.

La démocratie peut produire cet homme. Mais quand? Dieu le sait; n'importe, il est nécessaire et il apparaîtra. Je répète ce vœu : Je souhaite, dans les temps qui vont s'ouvrir, une répétition, une résurrection du grand rôle moral qu'on a vu jouer parmi nous par M. Guizot, mais que lui-même rendrait suspect, s'il essayait de le reprendre en France. Les principes de M. Guizot, en effet, transportés dans la République, restent vrais en grande partie; personnellement, il doit se contenter de ce que demandait Washington lorsqu'on lui offrait de reprendre sa présidence illustre : *Je tiens à l'influence, pas au gouvernement.* L'influence, non pas politique, il ne la mérite plus; mais philosophique, voilà tout ce qui doit rester, tout ce qu'on peut accepter de M. Guizot.

www.ingramcontent.com/pod-product-compliance
Lightning Source LLC
Chambersburg PA
CBHW061238050726
47594CB00009B/3940